AF598809

DONDE LA LUZ ME HACE ENTERA

Anne Mette Overgaard Jensen

Aliar ediciones

Corrección: Ana Collado
Diseño de cubierta: Pablo Arellano
Maquetación: Aliar Ediciones

Depósito Legal: GR 368-2026
ISBN: 979-13-88058-97-4

Impreso en España

Edita
ALIAR Ediciones
www.aliarediciones.es
info@aliarediciones.es

DONDE LA LUZ ME HACE ENTERA

Anne Mette Overgaard Jensen

Biografía

Anne Mette Overgaard Jensen (Dinamarca, 1998) es una poeta multilingüe cuya escritura explora el cuerpo como lugar de presencia, pertenencia y transformación. Su obra nace del cruce entre territorios, lenguas y experiencias vitales y se orienta hacia una poética de la encarnación, donde la luz, el gesto, el silencio y la respiración configuran una forma de estar en el mundo más que un discurso.

Formada en Filología Alemana y dedicada a la enseñanza de lenguas extranjeras, su trabajo poético transita entre el español, el alemán y el danés, en una investigación constante de una lengua que no solo nombre, sino que respire, toque y permanezca. Sus textos dialogan con la experiencia migratoria, la conciencia corporal y los procesos de arraigo, entendidos como movimientos vivos y no como fijaciones identitarias.

Su poema «*Nordwind, Ordnung, Andalusien - im Rhythmus von Licht*» fue publicado en 2026 en el *Frankfurter Bibliothek - Jahrbuch für das neue Gedicht: «Gedicht und*

Gesellschaft. Erkenntnis, das Glück, Krieg und Frieden» (Brentano-Gesellschaft, Fráncfort del Meno), constituyendo su primera publicación literaria. Ese mismo año participó con una selección de poemas en varias antologías editadas por Vera Klee: «*Elfchen*», «*Haiku*», «*Sinnliche Erotik*» y «*Liebe-Tod-Trauer*». En 2025 obtuvo el segundo premio en la antología *Weihnachtslyrik*, también editada por Vera Klee, por el ciclo *Von Glanz und Zauber*.

En 2026 fue ganadora del concurso internacional Entre sílabas anda el juego IX (*Haikus*), con el poema «Entre Norte y Sur». Su primera publicación en lengua española apareció en ese mismo año con el poemario *Entre luces y silencios* (Libros del Aire). Ese año publicó también su segunda obra, *Entre el viento y la luz*, (Loto Azul). Sus poemas han sido publicados en diversas antologías en lengua española, entre ellas, *Versos en el Aire XV* (Diversidad Literaria), *Esperanza*, vol. 3 (Litéfilos) y *Confiesa tu amor* (Prosa Cuántica).

En Dinamarca, desde 2025, publica artículos de opinión en medios de referencia como *Politiken*, *Jyllands-Posten*, *Berlingske* y *Kristeligt Dagblad*, donde aborda temas relacionados con el cuerpo, la cultura, la feminidad y la comunicación no verbal.

En *Donde la luz me hace entera*, su tercer poemario, Anne Mette Overgaard Jensen traza una poética del estar: un espacio donde la luz toca el cuerpo, el silencio escucha y el gesto aprende a permanecer. El libro desplaza la identidad del tránsito hacia la quietud viva y construye una lengua que no explica, sino que respira, encarna y celebra.

En este poemario, Sevilla aparece, no como paisaje, sino como cuerpo vivo: un espacio sensorial donde la identidad deja de ser búsqueda para convertirse en permanencia. La escritura se desplaza desde la contención hacia una apertura íntima y celebratoria, integrando deseo, forma y quietud en una voz cada vez más depurada y esencial.

A Andalucía,
por enseñarme a habitar la luz.
A lo que en mí
se quedó.

Prólogo

Antes de la palabra
hubo un cuerpo escuchando.

Antes de la luz,
una forma aprendiendo a resistir el frío.

El silencio no era vacío:
era un idioma cerrado,
una respiración contenida
esperando su grieta.

Un día, el sur abrió el aire.
No con promesas,
sino con presencia.

La luz no pidió permiso:
tocó la piel
y el cuerpo recordó
que también sabe decir.

Desde entonces, camino
entre dos respiraciones:
la del orden que sostiene
y la del fuego que despierta.

No busco un lugar:
dejo que el lugar me atraviese.

Cada poema es un paso,
una escucha,
un gesto donde el silencio aprende a bailar.

Aquí no se viene a entender,
sino a estar.

A dejar que la luz haga su trabajo:
volvernos enteros.

I. ORIGEN / SILENCIO / NORTE

Silencio rojo

Nací donde el silencio
aprende a resistir
como el hielo.

Allí,
las palabras se guardan
con guantes puestos,
porque decir
es exponerse.

El silencio, en cambio,
no muere.
Cambia de forma.
Se vuelve hueso.

Luego Sevilla:
una ciudad que mira
sin ojos,
que respira
sin pedir permiso.

El calor no me tocó primero.
Fue la luz.
Fue el cuerpo
recordando
que también existe.

Y entonces, el rojo:
no un color,
sino una grieta.

Desde allí,
el silencio dejó de ser jaula
y aprendió
a latir.

Después del silencio

«No digas nada»
fue clima,
no frase.

Me sostuvo
cuando callar
era sobrevivir.

Pero algunas ciudades
ensancharon el aire
hasta que el silencio
ya no cupo.

Ahora no hablo
porque no pueda,
sino porque elijo
dónde cae la voz.

El silencio sigue conmigo,
pero ya no aprieta:
es una tormenta
contenida,
un animal atento.

Y aquello que me encontró
—en rojo,
en luz,
en sombra—
no se irá.

Porque ya no vive fuera.

Acento de un alma triple

Acento.
Tierras frías.
Hija del viento,
mar y sol me atraviesan.

En el sur busco lo nuevo
y lo abrazo sin condiciones.

Tres lenguas,
tres pieles,
tres patrias me habitan.

Ninguna me pertenece del todo,
todas me construyen.

Exhalo España
y allí me encuentro.
Por fin, aquí,
en casa.

Abro el corazón.
Respiro libre.
Sevilla.

Entre el Norte y Andalucía

Norte:
vientos azules,
pensamientos precisos, profundos,
claros, visibles, medibles.

La medida se transforma en anhelo.

Pero, dentro,
los colores siempre ardieron.
El alma viaja en silencio,
el acento no cabe en el papel.

La patria es una mirada honda
que transforma la vida.

Sevilla me viste de luz y arte.
Palabras al vuelo,
la noche contiene el aliento.

Andalucía danza,
la noche guarda la brasa.
Los cuerpos brillan,
el tiempo calla.

Amor sin explicación.
Sombra y luz.
España.

Norte, Sur, Yo

Calles.
Pasos suaves.
Miradas sin preguntas.

Alemania me enseñó la estructura.
Las reglas se disuelven
en imágenes vivas.

Sevilla me regala
el arte del ahora.

Risa sin motivo,
deseo sin voz.

De la reserva nace
una corriente discreta:
disciplinada
y desbordante a la vez.

Silenciosa,
pero intensamente viva.

Silencio y risa.
Norte, Sur.
Yo.

Entre la severidad y la luz andaluza

Alemania:
líneas firmes,
pensamientos de acero,
palabras claras, precisas.

Orden, tiempo,
estructura y deber.

Pero la Andalucía encantada
baila llena de luz.

El silencio canta,
la risa arde sin explicación.

La precisión aprende a bailar,
la seriedad sonríe al presente.

Entre el norte y el sur de Europa
crece un corazón lleno de hogar.

El ritmo del flamenco y el deber se unen:
el fuego encuentra la medida.

El orden besa el calor,
la disciplina abraza la vida del sur.

El cuidado danza,
la seriedad sonríe bajo la luz.

Norte y Sur hacen las paces.
El alma respira en el cambio.

Luz y sombra.
Yo, Sevilla.
Hogar.

II. CRUCE / VIAJE / PRIMERA APERTURA

Entre muros y naranjos

Alemania, tu viento frío en las calles,
tu palabra severa, tallada en razón.
Levantaste muros, tan altos por dentro,
y el calor se apagaba en la noche callada.

Pero en el sur, donde aromas de naranjos
llenaban las plazas de vida y de sol,
los muros caían, disueltos como agua,
y el aire se abría: florecía la libertad.

Sevilla, me diste tu fuerza y ternura,
me diste el coraje y la suave piedad.
Entre las sombras y el fuego de luces
creció en mí un ser nuevo: ligero y libre.

Aroma de jazmín y polvo

Hallé la libertad en la luz del sur,
ni en letras ni palabras la pude encontrar.
Vivía en el eco de cascos de piedra,
en la sombra de los árboles, en oro solar.

Los muros brillaban con tímido fuego,
mi cuerpo despierto latió por primera vez.
La voz y la mirada se alzaban ya libres,
Sevilla me abrió sus brazos de miel.

Con aromas de jazmín, con polvo y con piedra,
con cortezas amargas, pero sin rencor.
Las calles respiran despacio, profundas,
como si supieran: aún nos queda el tiempo.

En tu ardor del sur

Las calles de tu cercanía arden,
sureñas, despiertas,
con olor a verano,
como si hubieran estado esperando mis pasos.

Tu belleza no es un peligro:
es calor,
un aliento en mi cuello,
una llama que no quema,
como Andalucía,
que abre todo
lo que ya no quiere esconderse.

III. CUERPO / DESEO / DESPERTAR

El fulgor andaluz bajo mi piel

Entre nosotros arde un código silencioso,
un fulgor del sur.
Ninguna palabra lo contiene,
pero tu aliento lo escribe en mis labios.

Baila del hombro a la clavícula,
de cadera en cadera,
en ese ritmo que respira Andalucía,
hasta que empieza a hablar
dentro de mi cuerpo.

El vestido que sabía

No era un vestido:
era una espera.

Colgado en la oscuridad del armario
aprendía mi forma
antes de tocarme.

Rechazó noches,
esquivó espejos,
guardó su hambre.

Hasta Sevilla.

Cuando mis dedos lo alcanzaron,
el silencio se tensó,
como una cuerda
a punto de sonar.

Me lo puse
y algo antiguo se abrió:
un cerrojo interior,
un gesto olvidado.

La tela no cubría,
recordaba.

Desde entonces,
camino distinta:
no más visible,
más verdadera.

Feria interior

La noche no cae:
se enciende.

Miles de luces cosen el aire,
como si la ciudad hubiera aprendido
a latir por fuera.

Las torres brillan
con un orgullo antiguo,
pero, abajo, el suelo vibra
con pasos nuevos,
con risas que no piden permiso.

El vestido no adorna:
celebra.
Flores abiertas en la piel
como una declaración de presencia.

El cuerpo ya no observa la luz:
la habita.

Una mano sostiene el pensamiento,
no por duda,
sino por asombro.

Todo ocurre al mismo tiempo:
el ruido,
la música lejana,
los encuentros breves,
la noche respirando caliente.

Y, sin embargo,
en medio de la multitud
hay un centro intacto,
una alegría silenciosa
que no necesita testigos.

La ciudad baila alrededor.
Ella también.
Aunque apenas se note.

Mediodía en Sevilla

Fuerza que fluye,
alma andaluza,
llama que arde
bajo la blusa.

Luz que se escapa
por la ventana,
risa que envuelve
como una nana.

Piel que recuerda
soles de feria,
flores que tiemblan
en la cadera.

Todo en su cuerpo
guarda la huella
de un mediodía
vivo en Sevilla.

Resplandor andaluz

Andalucía
encendió la brasa,
me mostró la belleza,
hizo danzar la luz sobre mi piel,
me regaló un verano hermoso, único, dulce.

Las palmeras susurraban
junto al luminoso Guadalquivir.
La ciudad, llena de colores,
ardía en la nostalgia
de un atardecer dorado
y el recuerdo fluía suave
con perfume de azahar.

Un paseo mágico por la Plaza de España,
donde cantaban las fuentes
y las sombras bailaban.
En su ritmo,
el flamenco revelaba
su eco,
orgulloso.

Sin velos en Sevilla

Sevilla,
donde todo brilla,
me dio alas.
Nuevos puentes reflejan sueños,
el río murmura en silencio
y un corazón valiente despierta.

La piedra antigua, callada,
teje la transformación.
La luz florece intensa,
el coraje regresa fuerte.

Andalucía me regala
una nueva felicidad luminosa.

Aquí estoy, por fin, sin velos:
rubia, pero libre,
casi gitana, clara,
tan viva,
tan mía.

IV. INTEGRACIÓN / IDENTIDAD NUEVA

Orilla

El río no pregunta.
Refleja.

La luz se posa en el rostro
como una caricia tardía,
esa que llega
cuando el día ya ha dicho casi todo.

El vestido guarda sombra y claridad,
un borde oscuro
donde la piel aprende
a quedarse.

No hay gesto aprendido:
solo presencia.

El agua mueve el tiempo
sin ruido,
lleva y trae
lo que no hace falta nombrar.

Los ojos no buscan.
Escuchan.

Aquí, Sevilla no se alza,
fluye.

Se queda a media voz
entre el latido del río
y el pulso del cuerpo.

La tarde cae
sin romperse.
Y, en ese caer,
todo está dicho
sin decirse.

Azahar

Me sube Sevilla por la piel,
como un suspiro de azahar.
Entre cerámica y cielo,
me dejo mirar.

Con el alma en los tacones
y el vestido como brisa,
respiro la luz que besa
mi mejilla sin prisa.

No hace falta hablar.
Aquí, hasta el silencio
sabe bailar.

A la sombra de la Giralda

No es pose:
es escucha.

La calle se alarga en amarillo,
la tarde afina el aire
y la Giralda vela,
antigua y despierta,
marcando el pulso
de la ciudad que no olvida.

El cuerpo se inclina apenas,
no por fragilidad,
sino por compás.
La mano al pecho
guarda el sitio exacto
donde el cante nace
antes de tener voz.

El vestido recoge la luz
y la retiene,
como Sevilla guarda
sus secretos
en calles estrechas.

La Giralda no mira:
sostiene el tiempo.

Mide la espera
con campanas invisibles.

Aquí, el silencio
no es vacío:
es temple.

Y en ese temple,
la ciudad y el cuerpo
respiran juntos,
sabiendo
que el duende
no siempre baila,
a veces
se queda.

Río de tarde

El río no pasa:
se queda.

Sevilla se inclina sobre el agua
como quien recuerda
sin nostalgia.

El vestido guarda el color
de una tarde lenta,
ni rosa ni oro,
sino ese tono exacto
en que la luz decide quedarse.

Una mano en el pecho
no es gesto,
es compás.

La flor sostiene la cabeza
como se sostiene un pensamiento
que no quiere caer.

Detrás,
palmeras, torres, campanas lejanas
respiran al mismo ritmo
que el río.

No hay cante,
pero hay eco.
No hay baile,
pero el cuerpo sabe.

Sevilla no mira:
acompaña.

Y el agua aprende su forma
para llevarla
sin prisa
hacia la noche.

V. IMAGEN / SÍMBOLO / CIERRE VISUAL

Blanco en la plaza

No es noche aún,
pero Sevilla ya canta despacio.

El blanco no grita,
sostiene la luz
como el mármol
cuando aprende el sol.

La plaza abre sus arcos,
antiguos, pacientes,
y el aire dorado
se posa en los hombros
sin pedir permiso.
No hay tacón ni palma,
pero hay compás:
en la forma de estar,
en el peso exacto del silencio,
en la flor quieta del pecho
abriéndose hacia dentro.

Sevilla la rodea
con piedra y memoria.
No la mira:
la reconoce.

El vestido no baila,
espera.
Como espera el cante
antes del primer quejío.

Blanco que no es ausencia,
sino pausa.
Luz contenida.
Sur que respira
antes de arder.

Rojo en la piedra

No camina:
sostiene el pulso de la tarde.

El rojo no es un color,
es una decisión,
una llama que aprendió a quedarse quieta
sin apagarse.

La piedra antigua escucha,
guarda siglos en la respiración de sus muros,
y, frente a ella, el cuerpo dice «ahora»,
dice «presencia»,
dice «latido».

La luz baja despacio,
acaricia los hombros,
afila los bordes del silencio
hasta volverlo música invisible.

No hay prisa.
El aire se detiene un segundo
para aprender la forma del gesto.

Entre torre y cielo,
entre sombra y claridad,
el rojo marca el compás

de algo que no necesita nombre:
fuerza tranquila,
belleza que no pide permiso,
un fuego que mira de frente.

La ciudad no observa:
reconoce.

Y, en ese reconocimiento,
todo queda en equilibrio —
piedra, luz, cuerpo
y un instante que arde sin quemar—.

Compás rojo en Sevilla

No anda:
marca el compás.

Rojo vivo,
rojo con pulso,
que se ajusta al cuerpo
como un cante antiguo.

Lunares:
golpes de luz
sobre la piel del vestido,
palmas quietas
esperando el aire.

La cintura se afirma,
la falda responde.
Volantes que saben
de suelo,
de tacón,
de memoria.

Sevilla pasa por ella
sin decir su nombre:
sombra larga,
tarde espesa,
cal viva en los muros.

La flor equilibra el fuego,
ni adorno ni exceso:
aviso.

La mirada no busca,
sostiene.
En Sevilla,
el duende no grita,
se queda.

Flores flotan alrededor
como un eco lento,
pero el centro es ella,
quieta y ardiendo.

Rojo que no se explica.
Rojo que llama.
Rojo en compás.

Hogar

No llegué:
me quedé.

La luz ya no me persigue,
camina conmigo.

El cuerpo no pregunta,
sabe.

La ciudad no promete,
sostiene.

Entre piedra y latido
aprendí a estar
sin defenderme.

No hace falta nombrar
lo que respira.

El norte descansa en el sur.
El silencio aprendió calor.
La forma aprendió a bailar.

No soy de aquí ni de allá:
soy de este instante
que no se va.

Y en esta quietud viva,
por fin,
estoy en casa.

Epílogo

No queda nada por decir.
La luz aprendió mi nombre
sin pronunciarlo.

El cuerpo descansa
en su propia respiración.

La ciudad ya no es un lugar:
es una forma de estar.

Camino sin buscar señales.
El silencio no pesa.
Acompaña.

Lo que era frontera
es ahora pulso.

Y, aunque la tarde se apague,
algo queda encendido
adentro.

No para arder.
Para sostener.

Trayectoria profesional

Libros publicados (2026):

— *Entre luces y silencios*, Libros del Aire.

— *Entre el viento y la luz*, Loto Azul Editorial.

— *Donde la luz me hace entera*, Aliar Ediciones.

Antologías publicadas en lengua española:

— «Hija del viento», en *Versos en el Aire XV*, Diversidad Literaria, 2025.

— «Grieta», en *Esperanza*, vol. 3, Litéfilos, 2026.

— «Tu nombre en mi latido», en *Confiesa tu amor*, Prosa Cuántica, 2026.

— «Entre Norte y Sur», en *Entre sílabas anda el juego IX (Haikus)*, Diversidad Literaria, 2026.

— «Entre el Norte y la llama» y «Raíces del Norte», en *La materia del verso*, vol. 1, Factor Literario, 2026.

— «Bajo tu luna», en una antología romántica, Grupo Editorial Letras Negras, 2026.

Antologías publicadas en Alemania:

En la antología *Weihnachtslyrik* (editora Vera Klee, 2025), ciclo de poemas:

— «*Vom Glanz der Straßen zur Wärme des Herzens*»

— «*Weihnachtsmarkt und Wunder*»

— «*Von Glanz und Zauber*»

— «*Von Wärme und Nähe*»

En la antología *Haiku* (editora Vera Klee, 2026), ciclo de poemas:

— «*Ankommen und Aufbruch*»
— «*Selbst und Verwandlung*»
— «*Südliche Kraft*»
— «*Sevilla, lebende Poesie*»

En la antología *Elfchen* (editora Vera Klee, 2026), ciclo de poemas:

— «*Die Sprache der Stille*»
— «*Zwischen den Welten*»
— «*Andalusische Seele*»
— «*Spanien unter der Haut*»
— «*Zwischen Nordwind und Südsonne*»

En la antología *Liebe* (editora Vera Klee, 2026), ciclo de poemas:

— «*Unter andalusischem Mondlicht*»
— «*Wenn Herzen in Andalusien Feuer fangen*»

Otras publicaciones en lengua alemana:

— *Nordwind, Ordnung, Andalusien - im Rhythmus von Licht*, en el anuario literario *Frankfurter Bibliothek - Jahrbuch für das neue Gedicht: Gedicht und Gesellschaft. Erkenntnis, das Glück, Krieg und Frieden*, Editorial Brentano-Gesellschaft, 2026.

— «*Zwischen Liebe und Vergänglichkeit*», en *Liebe-Tod-Trauer*, editora Vera Klee, 2026.

— «*Die Nacht, in der Andalusien spricht*», ciclo de poemas, en *Sinnliche Erotik*, editora Vera Klee, 2026.

— «*Atlas der inneren Reise*», ciclo de poemas, en *Länderreise*, editora Vera Klee, 2026.

— «Territorium ohne Legende», en *Zeilenwende*, R. G. Fischer Verlag, 2026.

Publicaciones en revistas y medios literarios:

— Zwischen Nordlicht und Süden, en *Kunst-Kultur-Literatur Magazin* (#kkl), nº 60 (In den Rückspiegel), 2026.

— Atlas de una identidad en fuga, El peso exacto de irse y Ser viento con memoria, en *Santa Rabia Poetry*, segunda edición quincenal de marzo, 2026.

— Ser mujer en Europa: lo que cambia entre el norte y el sur, en *ARG360* (cultura), 2026.

Premios y reconocimientos

— 2025, Segundo premio en la antología *Weihnachtslyrik*, editada por Vera Klee, por el ciclo *Von Glanz und Zauber*.

— 2026, Ganadora del concurso internacional Entre sílabas anda el juego IX (Haikus), por el poema «Entre Norte y Sur» (Diversidad Literaria).

Índice

IV. INTEGRACIÓN / IDENTIDAD NUEVA

V. IMAGEN / SÍMBOLO / CIERRE VISUAL

Este libro se terminó de editar en Granada
en marzo de 2026 por

www.aliarediciones.es
info@aliarediciones.es